Vous pouvez retrouver chacune des histoires de ce recueil sous forme d'album dans les collections du Père Castor.

Conception artistique : Christel Fontes et Alice Monnet

ISBN : 2-08160920-7
Impression et reliure : Pollina s.a., 85400 Luçon - 07-1998
N° d'impression : 75043
Flammarion & Cie, éditeur (N° 0920)
Dépôt légal : août 1998
Loi n° 49-956 du 16 juillet 1949 sur les publications destinées à la jeunesse.

Le cartable magique

et 5 histoires d'école

Père Castor
Flammarion

Table des histoires

Le cartable magique

**Un soir en rentrant de l'école,
Quentin s'arrête devant la vitrine
de la librairie de monsieur Joseph.**

**Parmi tous les objets
un peu poussiéreux, il remarque
l'étiquette jaune attachée
à la poignée d'un cartable.
Comme s'il voulait
allonger son regard,
Quentin fronce les sourcils
et lit « Cuir bleu magique ».
Puis il poursuit son chemin.**

**Tout à coup,
Quentin se met à courir plus vite
qu'une flèche poussée par le vent.
Il entre chez lui,
se précipite dans sa chambre,
ouvre sa tirelire,
met toutes ses économies
dans sa poche et file à nouveau
dans la rue...**

**... et s'arrête tout essoufflé
devant la librairie
de monsieur Joseph.**

Quentin hésite un instant
avant de pousser la porte.
« Di-ing, do-ong »
résonne le carillon.
– Comment va
ce grand garçon ?
répond aussitôt
une voix douce.

Surpris,
Quentin découvre un vieil homme
vêtu d'une blouse grise
qui s'approche en boitant légèrement.
Il a une paire de lunettes en équilibre sur le bout du nez.
Quentin a presque envie de la lui remettre en place.
– Je veux le cartable bleu ! lance Quentin.
– Bleu magique ! précise monsieur Joseph.
– Je veux le cartable bleu ! répète Quentin.
– J'ai compris, déclare le libraire,
j'ai devant moi un garçon têtu.

Et il se met à rire.
Quentin ouvre de grands yeux.
Décidément, monsieur Joseph est un curieux bonhomme.
– Écoute, mon grand, poursuit gravement le libraire.
Si tu ranges dans ce cartable, un livre ou un cahier
ouvert à la page de ta leçon,
après l'avoir lue une fois,
tu la retiendras immédiatement.
C'est magique !
– Oui, oui, murmure Quentin
distraitement.

Il paie et emporte
le cartable en cuir bleu.

Par curiosité,
Quentin décide de tenter l'expérience.
Il a justement à apprendre
une leçon sur les fleuves.
Il ouvre son livre de géographie,
lit une fois le résumé
et glisse son livre dans son cartable
qu'il referme soigneusement.
Quentin se couche et s'endort...

En classe, la maîtresse interroge Quentin.
Il se lève très content et récite sans difficulté :
– La France a quatre grands fleuves :
la Seine, la Loire, la Garonne et le Rhône...

Et il poursuit ainsi sans hésiter jusqu'à la fin du résumé.
Surprise, la maîtresse lui met une bonne note.

Chaque soir, Quentin place, dans son cartable bleu,
ses cahiers et ses livres ouverts à la bonne page.
À chaque interrogation, il obtient une bonne note.
Quand il remet son carnet de notes à ses parents,
monsieur et madame Lafeuille sont enfin fiers de lui.
Jusqu'à maintenant, l'institutrice n'était pas très satisfaite
du travail de leur fils.

Bientôt Quentin est le premier de sa classe.
Monsieur le Directeur se déplace
en personne pour lui exprimer
son "entière satisfaction".
Ses amis sont un peu jaloux
car tout le monde le félicite
et le montre en exemple.

Tous les mercredis,
Quentin va raconter ses succès
à monsieur Joseph.
Et chaque fois
qu'il entre dans la librairie,
il entend une voix lente
lui demander :
– Comment va
ce grand garçon ?

À la fin de l'année scolaire, c'est la distribution des prix.
Tous les élèves et leurs parents assistent à la cérémonie
qui a lieu dans la salle des fêtes.
– Premier prix de grammaire, annonce le Directeur,
Quentin Lafeuille.

Quentin se lève, très heureux.
Sa maîtresse lui remet un beau livre en récompense.
Tout le monde applaudit.
– Premier prix de conjugaison,
Quentin Lafeuille,
continue monsieur le Directeur.

Quentin se lève à nouveau
et reçoit un deuxième livre.
Tout le monde applaudit
à nouveau.

Et ainsi, dans toutes les matières :
dictée, expression écrite, histoire,
géographie, mathématiques,
Quentin obtient le premier prix.

Une lourde pile de livres
dans les bras,
Quentin sourit en écoutant les applaudissements
qui n'en finissent pas, qui durent, durent, durent…
Inquiet, il recule et se retourne.
Mais il ne voit plus personne.
Isolé sur la grande estrade qui commence à onduler sous ses pieds,
Quentin se trouble, s'agite, s'affole, appelle au secours et…

... Et Quentin se réveille.
Il est dans son lit,
couvert de sueur.
Il s'assied et allume la lumière.
Il reste immobile.

Soudain, sa maman entre dans la chambre :
– Quentin ! Dépêche-toi, il est l'heure, dit-elle.
Va faire ta toilette et prépare ton cartable.

Quentin se lève en se frottant les yeux.
Il se souvient de monsieur Joseph, des félicitations,
il entend encore les applaudissements.
Il a envie d'en parler à sa mère
mais celle-ci a déjà quitté la pièce.
– Allez Quentin, ne traîne pas !
lui crie madame Lafeuille de la cuisine.

Quentin sursaute, entasse n'importe comment
cahiers et livres dans son cartable et file à la salle de bains.
Son petit déjeuner avalé,
Quentin prend le chemin de l'école.
Il pense à la poésie qu'il n'a pas révisée...

En classe, la maîtresse interroge.
C'est au tour de Quentin de réciter la poésie.
Il devient pâle.
Il ne va pas savoir...
Il va sûrement se faire gronder...
Mais les mots viennent facilement
et il récite sans la moindre hésitation.

Ma Terre

L'oiseau quitte son nid
Quand l'hiver se finit.
Le soleil brille tant,
Quand survient le printemps
Tous les champs sont dorés
Quand l'été apparaît.
Et les orages tonnent
Quand arrive l'automne
Tourne, tourne ma Terre
En voilant tes mystères.

Étonnée, la maîtresse félicite Quentin et lui met une bonne note. Quentin ne comprend pas. Il cherche son cahier de poésies.

Son cahier est là, dans son cartable, ouvert à la bonne page...

Le supplice des 24 bisous

La première fois que nous avons vu Huguette, c'était un mardi. Le petit bus de la bibliothèque venait de s'arrêter devant l'école.
Elle avait l'air timide et était si petite.
Elle s'est approchée de la maîtresse, le doigt levé.
Nous nous sommes arrêtés de bavarder. Plus un mot.
On ne regardait qu'elle.
Elle a parlé tout bas à la maîtresse.

Après, Madame Alix, notre maîtresse, s'est tournée vers nous et a dit en souriant :
– Les enfants, aujourd'hui, nous avons une élève de plus.
Elle s'appelle Huguette.

Nous avons tous répondu, très polis :
– Bonjour Huguette.

Huguette est entrée la première dans le bus.
Elle donnait le bras à la maîtresse et avait du mal à monter. Elle s'est retournée et nous a dit :
– On n'est plus très souple, à 80 ans !

On ne regardait plus qu'Huguette, on en oubliait les livres...
C'est Romain qui lui a parlé le premier :
– Si tu as 80 ans, tu dois savoir bien lire, hein ?

Elle a souri :
– Je me débrouille...

– Alors tu es comme nous,
tu n'as qu'à le demander à la maîtresse.

Madame Alix a dit que c'était vrai,
que nous savions bien lire.
Et tout le monde s'est mis
à parler en même temps.
On voulait tous dire quelque chose
à Huguette, mais elle a mis un doigt
sur sa bouche et a murmuré :
– Chut, vous allez réveiller les livres.

Nous l'avons suivie jusqu'aux bacs
remplis d'albums et de livres.

Là, c'est vrai,
nous avons un peu oublié Huguette.
Parce que, dans ce bus,
on peut toucher les livres.
On les regarde et on les ouvre avant de se décider.
Il y en a même qui trichent et qui commencent à les lire !
Huguette nous avait abandonnés
et cherchait parmi les livres de grands sur les étagères du haut.

Camille lui a demandé :
– Tu sais même lire les livres sans images ?
– Bien sûr, a répondu Huguette.
Et toi aussi, bientôt, tu sauras.
– Tu vas lire tout ça ? a demandé Charles.

Huguette continuait à entasser
des livres dans le panier.
– Un par jour, mon bonhomme.
Quand on est seule, on a tout son temps…

Louise lui a tendu un grand album :
– C'est pour te reposer les yeux.
Il n'y a que des images.
– Je le lirai ce soir, promit Huguette.

Les livres choisis,
nous sommes sortis du bibliobus.
Olivier et Marine ont porté
le panier en osier.
Comme il était lourd !
La maîtresse a aidé Huguette à descendre.
Huguette nous a quittés en promettant de revenir.

Huguette ne nous avait pas menti.
Dès le jeudi matin, elle était là.
Elle a rendu son premier livre, un gros,
épais comme un dictionnaire.
– Tu l'as lu en entier ? a demandé Julien.
– Et j'en ai commencé un autre,
a répondu Huguette, toute fière.

Le lendemain,
Huguette revint et elle prit l'habitude
de venir tous les jours, à l'heure de la récréation.
– J'ai un livre à rendre, s'excusait-elle.

Elle en profitait pour parler avec la maîtresse.
Dès son arrivée dans la cour, elle devait subir,
comme elle l'appelait, « le supplice des 24 bisous ».
Le premier qui la voyait fonçait sur elle.
Elle levait les bras au ciel
et faisait semblant d'avoir peur.
Alors nous l'embrassions tous, chacun notre tour.
C'est ça, « le supplice des 24 bisous » !

Un jour,
il se mit à pleuvoir très fort.
La maîtresse dit à Huguette :
– Entrez donc cinq minutes...

Huguette a monté lentement
les marches qui mènent
à notre classe.
– Je remercie la pluie
qui me fait entrer ici,
a-t-elle dit en passant la porte.

Bien sûr,
chacun voulait l'avoir près de lui
et on criait tous :
– Mets-toi là, Huguette...
– Viens t'asseoir ici...
– Non ! À côté de moi...

Tout à coup, on s'est arrêtés :
Huguette avait un air bizarre.
– Tu es malade ? a demandé Amanda.

Mais Huguette n'entendit pas.
Elle regardait autour d'elle en hochant la tête.
Elle souriait...
Puis elle a montré la vieille table de bois :
– C'était ma table...
Ma voisine s'appelait Charlotte...

Sa voix tremblait.
– On dirait que tu vas pleurer,
a dit Marianne.

Huguette a sorti un mouchoir
à carreaux plus que géant.
– Pardi, non ! Je m'enrhume...

Elle s'est mouchée très fort,
avec un grand bruit.
La pluie s'était arrêtée,
alors Huguette est partie.

Depuis plusieurs jours, Huguette n'était pas venue.
Nous étions très inquiets.
– Elle n'a plus de livres à rendre,
nous a expliqué la maîtresse.

Pendant la récréation,
nous avons cherché comment faire revenir Huguette.
– Il faudrait lui faire boire une potion magique,
a proposé Adrien.
– On pourrait lui téléphoner, a dit Émilie.

Finalement, c'est Estelle qui a eu la bonne idée :
– Et si on allait cacher un livre dans sa boîte aux lettres ?
Elle viendrait le rapporter à l'école.

Nous en avons parlé à la maîtresse.
Elle a souri et nous a même prêté un livre.

Antoine est le plus petit de la classe,
mais il n'a peur de rien.
Il a trotté vers la maison d'Huguette.
Hop, voilà le livre dans la boîte.
Il ne nous restait plus qu'à attendre.

Le lendemain après-midi,
la maîtresse nous a fait faire des choses bizarres :
décorer la classe, aller chercher des verres à la cantine,
mettre les chaises en rond...
Elle a sorti de l'armoire du fond un grand gâteau
et des bouteilles de jus de fruits.

Nous nous sommes tous regardés.
Un anniversaire ?
Non, impossible, celui de Thibaud était passé
et celui de Cindy n'était que le mois prochain.

On a frappé à la porte...
Toutes les têtes se sont tournées.
La porte s'est ouverte...

Une reine est entrée :
elle avait
une belle robe bleue,
un collier de vraies perles,
les cheveux blancs
tout brillants,
avec des reflets bleus...
C'était Huguette,
c'était elle !
Elle a brandi le livre avec un air de reproche :
– Qui a osé mettre ce livre dans ma boîte aux lettres ?
Hein ! petits misérables.

Mais nous avons bien vu que ses yeux riaient,
et nous avons crié tous ensemble :
– C'est nous !

La fête a été très réussie.
Huguette a repris trois fois du gâteau.
Après elle s'est assise derrière le bureau.
La maîtresse s'est installée sur une petite chaise.
Alors Huguette nous a raconté l'école d'avant,
avec son amie Charlotte...
Des histoires d'il y a si longtemps
que la maîtresse n'était même pas née...

Oui,
Huguette avait été une petite fille.
Elle était allée à l'école autrefois,
avec son amie Charlotte.
Dans sa classe,
on écrivait à la plume.
On était bien près du gros poêle,
quand dehors il faisait froid.
Et comme elle était jolie,
la maîtresse,
quand elle racontait
l'histoire des reines et des rois...

Mais c'était déjà l'heure...
Avant son départ,
nous avons fait signer un papier à Huguette.
C'était marqué :

Je dois venir vous voir
tous les jours à l'école.
Huguette

Elle a signé
et a fouillé dans son sac à main.
On pensait qu'elle allait encore souffler
dans son mouchoir géant.
Mais elle a sorti
un gros sac de bonbons.

Alors nous lui avons fait subir
le « supplice des 24 bisous ».

L'arbre à grands-pères

– Sabrina, Cassandre, Erwan, qu'est-ce qu'un arbre généalogique ? Et toi, Ousmane, sais-tu ce que c'est ?

Moi ? Je connais le pommier du jardin de monsieur Prosper, un gros châtaignier tordu et même des saules qui pleurent. Mais un arbre gêné... gêné-pas-logique, je n'en ai jamais vu. D'ailleurs, j'en suis sûr, personne dans la classe n'en a entendu parler.

À part Sophie, bien sûr, qui a sûrement appris le nom de tous les arbres de la terre par ordre alphabétique. Tiens, justement, c'est elle qui répond !

Comment ?
Elle dit que c'est un arbre
où l'on met les grands-pères
et les grands-mères !
Oh ! là, là ! pauvre Sophie,
il a dû lui pousser
un bonsaï dans la tête !

Cela nous a bien fait rire.
Mais la maîtresse répond qu'elle a raison !
Ça alors !
Des grands-pères et des grands-mères
perchés sur des branches !
Qu'est-ce qu'ils font là ?
En tout cas, mon grand-père
ne voudra jamais monter dessus !
C'est sûr !

Mais la maîtresse explique qu'un arbre généalogique
n'est pas vraiment un arbre. Il en a juste la forme.
Il permet de présenter l'histoire d'une famille.
Et elle nous demande d'apporter une photographie de nos parents,
de nos grands-parents et de les interroger sur leur vie.
Pour Papa et Maman, pas de problème.
Mais pour Grand-Père, catastrophe !
Comment le convaincre que ma maîtresse veut sa photo ?

De retour à la maison,
je la lui demande quand même.
Il me regarde droit dans les yeux
et il me dit :
– Jamais personne
ne m'aplatira sur une image,
même pas ta maîtresse !
– Mais Grand-Père, c'est juste
pour la mettre dans un arbre.
– Un arbre ! Elle veut accrocher
ma photo à un arbre !
Mais je vais lui dire deux mots !
– Justement, elle veut aussi
que tu lui racontes ta vie.

Alors là, Grand-Père se calme.
Il adore parler de lui !
– Ah ! Tu pourras lui dire
qu'il y a très longtemps,
j'habitais un petit village
en Afrique.
N'oublie pas
de lui raconter aussi
que j'étais forgeron.
Je fabriquais des lances
et des outils.
Mais... tu ne m'écoutes pas ?

D'habitude,
la vie de Grand-Père me passionne.
Mais aujourd'hui,
je me sens embarrassé.
Je réalise que je devrai parler
de notre famille
devant toute la classe.
– Grand-Père, j'ai peur
que les autres se moquent de moi.
Tu es le seul grand-père
qui s'appelle Karamoko.
– Et alors ? Tu leur expliqueras
que mon prénom signifie
« Grand Chasseur de Lions » !
Il y a de quoi être fier, non ?
– Oui... enfin... quand il y a des lions.
– Tu n'auras qu'à ajouter
que j'ai traversé le désert.
– Oui, mais toi, c'était sur un dromadaire.
Le grand-père de Sophie, lui,
a fait le Paris-Dakar en voiture !
– Dis-leur que la nuit, je sais me guider grâce aux étoiles.
– Ici, les rues sont éclairées, tu sais.
– Et si tu parlais de mon couscous ? Je sais bien le faire, non ?
– Oui, mais tu le manges avec les doigts.
À la cantine, tu te ferais gronder !
Non, le mieux, ce serait que je dise que tu t'appelles euh...
Maurice et que tu es charcutier, par exemple,
comme le grand-père de Julien. Dis, tu es d'accord, Grand-Père ?
– Moi, charcutier ?
File d'ici, avant que je ne te transforme en saucisson !

Je sens bien que je suis injuste avec Grand-Père.
Ah, les histoires de famille, c'est vraiment compliqué !

À l'école, les copains racontent la vie
de leur grand-père fermier
ou de leur grand-mère boulangère.
Moi, je regarde en silence
l'arbre généalogique que j'ai dessiné.
Il a juste un tronc.
J'aimerais bien me cacher derrière.

Mais la maîtresse insiste :
– L'histoire de votre famille, dit-elle,
a commencé bien avant vous, et vous la continuerez à votre façon.
Si vous l'oubliez, elle se perdra.
Savoir d'où l'on vient, c'est comme avoir des racines.
Et les enfants comme les arbres ont besoin
de leurs racines pour grandir.
Mais d'abord, j'ai une surprise pour vous.
Quelqu'un a souhaité venir vous parler de tout cela.

Soudain, on frappe à la porte.
– Entrez, dit la maîtresse ravie.

Et la porte s'ouvre.
Grand-Père ! Que fait-il ici ?
Il entre dans la classe, avec son tam-tam et son boubou.

– Je suis le grand-père de Ousmane.
Je m'appelle Karamoko,
ce qui veut dire... euh... « Grand Chasseur »
dit-il en m'adressant un clin d'œil.
Je viens raconter une histoire
que le vent du désert m'a apportée.

Boum ! Boum ! Boum !
Son tam-tam résonne aussi fort que mon cœur.
À chaque coup, je m'enfonce un peu plus sur ma chaise.
– Ah ! Le désert ! Savez-vous qu'il n'y a rien de plus beau au monde...
et rien de plus terrible aussi.
Car le désert avance,
avance toujours plus loin
et transforme en poussière
tout ce qu'il touche.
Et rien ni personne ne l'arrête.
Bien sûr, les hommes
et les animaux ont essayé.
Mais le désert a continué d'avancer,
d'avancer.
Il a asséché les rivières,
il a assoiffé les plantes,
il a tué les animaux,
il a fait fuir
les hommes.
Jusqu'au jour où...

Je regarde autour de moi, inquiet.
Que pensent les autres ?
Mais tous les élèves écoutent
mon grand-père, bouche bée.
– Jusqu'au jour où, dit-il,
quelqu'un a eu l'idée
de demander l'aide des Grands Arbres.
Ils ont accepté.
Ils se sont serrés très fort
les uns contre les autres,
jusqu'à former une forêt...
Ils ont enfoncé leurs racines
très profondément dans la terre.
Et ils ont attendu courageusement.
Le désert s'est approché d'eux.
Mais jamais,
jamais il n'a pu traverser la forêt.
Et savez-vous pourquoi les arbres ont réussi ?

Dans la classe, personne ne le sait. Même pas Sophie.
Mais tous réclament la suite de l'histoire.
Je me sens rassuré... et même un peu fier.

Alors, le tam-tam résonne et mon grand-père ajoute :
– Parce qu'un arbre qui a des racines solides est plus fort que tout.
Plus fort que la soif, plus fort que la peur,
plus fort que le désert.
Au fait, est-ce que vos arbres ont tous des racines ?
demande-t-il malicieusement.

**Discrètement,
je me dépêche
de prendre mon crayon
et d'ajouter à mon arbre
des racines
et des branches.
Et sur la plus grosse
d'entre elles,
à la place de la photo,
j'écris KARAMOKO.**

**– Quelle chance tu as, Ousmane,
dit Sophie.
Moi, j'aimerais bien avoir un grand-père
qui raconte des histoires…**

Les lettres de Biscotte Mulotte

Un matin, la maîtresse a trouvé une lettre sur son bureau.

Chers enfants,

Je m'appelle Biscotte. Je suis une mulotte et j'habite dans le mur de votre classe. L'entrée de mon trou est juste sous l'armoire.

Souvent, je vous regarde et je vous écoute pendant la classe. Et la nuit, quand tout le monde est parti, je sors et je me promène sur les bureaux.

Mais je ne fais pas de crottes, c'est promis : ça donnerait trop de travail après pour la dame qui nettoie.

Ecrivez-moi, et mettez l'enveloppe près de l'armoire.

Bisous moustachus,

Biscotte Mulotte.

Les enfants crient de joie quand la maîtresse leur lit la lettre.
Ils se précipitent à quatre pattes près de l'armoire.
Ils voient le petit trou.
Ils crient très fort tous ensemble :
– Biscotte Mulotte !
Hou hou ! Réponds-nous !

Mais il n'y a pas de réponse.

Alors, les enfants disent :
– Il faut écrire à Mulotte ! Il faut écrire à Biscotte !
Maîtresse, Maîtresse, écris ce qu'on te dit.
– Dis-lui que je l'aime cette Biscotte !
– Maîtresse, dis-lui que mon pépé m'a donné un petit chien !
– Dis-lui que je sais faire du vélo sans les petites roues !
– Demande-lui si elle écrit avec ses griffes !

Et la maîtresse prend un crayon et un papier, en disant :
– Pas tous à la fois !

Et elle se met à écrire ce que disent les enfants.
Et puis après, on pose la lettre devant le trou.

Le lendemain, Mulotte a répondu :
il y a une autre lettre sur le bureau.
On s'assied par terre
sur le petit tapis,
et la maîtresse lit
la lettre.

Mulotte raconte
qu'elle habite
dans le grand tuyau
à côté de la cheminée.
Qu'elle a un papa, une maman,
et aussi un oncle Molette qui vit avec eux,
et qui est très grognon. Et puis elle leur dit
qu'elle n'écrit pas avec ses griffes,
parce que ça ne serait pas pratique.
Elle a trouvé un stylo à bille
par terre dans la cour,
et elle le serre très fort entre ses pattes.
Elle écrit très lentement, mais ça marche !

Les enfants lui répondent en lui envoyant
dans une enveloppe, un gros paquet de dessins.
Le lendemain, il n'y a pas de réponse.
La lettre a bien disparu, mais Biscotte n'a pas répondu.
Le jour suivant non plus. Les enfants sont bien déçus.

Alors, en attendant, ils fabriquent une boîte aux lettres
pour la Mulotte :
c'est une pochette en papier punaisée au mur, à côté de l'armoire.
Pas trop haut, bien sûr, pour que Biscotte
n'ait pas à se fatiguer à grimper.
Sur la pochette, les enfants font plein de décorations
avec des papiers de couleur qui collent.
Dessus,
la maîtresse a écrit :

biscotte mulotte.

Les jours passent.
Et un matin de décembre,
les enfants rentrent dans la classe
en soufflant sur leurs doigts rouges.
Là, dans la boîte aux lettres,
il y a une lettre :
Biscotte a répondu.
– Vite, vite, Maîtresse, lis, lis !

Mes chers petits amis,

e avec une angine.
a soignée.
t ça va mieux.

Vous voulez savoir comment je fais pour vous écrire ?
Eh bien, souvent, quand la maîtresse écrit au tableau,
moi, je regarde par mon petit trou.
Et comme ça, j'ai appris à écrire et à lire.
Mais n'essayez pas de m'apercevoir par mon trou.
Je suis très très timide.
Le premier jour, vous m'avez fait peur
en criant si fort.
J'ai eu des battements de cœur.

Merci pour la boîte aux lettres,
elle est très belle.
Et aussi pour les dessins.
Mais faites-moi des lettres
et des dessins petits :
sinon je dois tout plier pour
les rentrer dans mon trou.
Bisous moustachus,

Biscotte Mulotte.

– Pauvre Biscotte ! disent les enfants. Elle a pris froid.

Alors ils s'amusent à lui faire des tas de petits habits en papier de couleur.
Des manteaux, des chapeaux, et même des petites bottes.
Ça la fera rire, la Mulotte !
Et puis ils mettent les petits habits dans une enveloppe, et ils font écrire à la maîtresse :
« C'est pour toi, Biscotte, pour bien t'habiller et pour te faire rigoler. »

Le lendemain matin, l'enveloppe n'est plus là. Biscotte l'a prise.
À l'heure du goûter, les enfants déposent des petites miettes de leur goûter, et ils disent doucement devant le trou :
– C'est pour toi, Biscotte.

Le lundi matin, les enfants sont bien étonnés :
Biscotte n'a pas encore répondu.
Ils lui avaient fait des cadeaux de dessins et de morceaux de biscuits.
Et c'est malpoli de ne pas répondre pour leur dire merci.

Un enfant s'aplatit pour regarder sous l'armoire et il appelle, pas trop fort :
– Biscotte, pourquoi tu ne réponds pas ?
On t'a fait des cadeaux d'habits, et tout ça et…

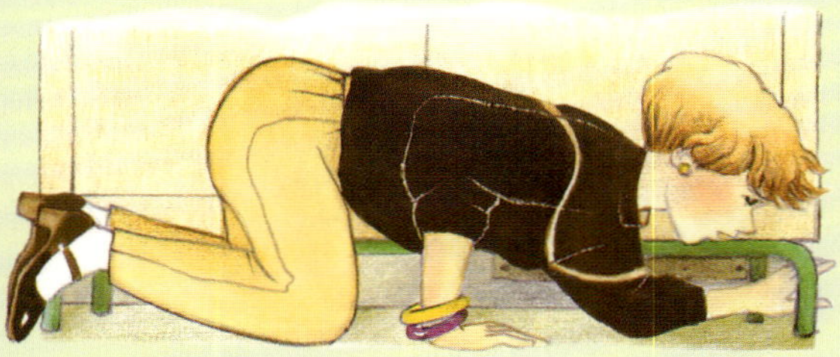

Mais il s'arrête et se met à crier :
– Maîtresse, Maîtresse, le trou de Mulotte !
Le trou de Biscotte !
On l'a bouché.
– Pas possible, dit la maîtresse.

Et elle s'aplatit par terre aussi, pour regarder.

Ah ! Malheur !
C'est l'électricien. Il a arrangé les fils, et il les a recouverts avec une grosse planche le long du mur. Juste là où il ne fallait pas.
Les enfants crient :
– Biscotte ! T'en fais pas ! On va te sauver la vie ! N'aie pas peur !

Ils veulent tout arracher.
Ils veulent aller chercher l'électricien, le maire, les pompiers.
Mais la maîtresse leur dit :
– Attendez ! Laissez-moi faire.

Elle tire un peu sur la planche. Et puis un peu encore. Petit à petit, elle arrive à l'écarter du mur.
– Voilà. Ne disons rien à personne. Il ne faudrait pas fâcher l'électricien. Nous verrons bien si Biscotte arrive encore à se glisser. Attendons jusqu'à demain.

Le lendemain, merveille :
il y a une lettre de Biscotte :

Mes chers petits amis,

Comme j'ai eu peur de ne plus pouvoir aller
dans votre classe !
Je vous ai entendus me crier :
« On va te sauver la vie, Biscotte. »
Vous avez très bien écarté la planche
et maintenant, je peux passer.
Vous savez, les mulottes, ça s'aplatit presque
comme une galette et ça passe un peu partout.

Je ne vous ai pas enc
avec mes parents (et
nous sortons par le
et nous allons nous
J'ai une cousine, q
et qui habite dans l
Pas celui de l'églis
qu'on appelle la
J'aime bien aller
Mais ces jours-c
j'ai encore attra
et j'éternue tout

Bisous mousta

re raconté que souvent,
oncle Molette grognon),
oit en haut,
romener dans le village.
i s'appelle Tartine
clocher.
, mais celui de la vieille pendule,
oîte à sel.
voir Tartine.
je ne sors pas :
é un rhume et je me mouche
la journée.
hus,
Biscotte Mulotte.

**Quand les enfants répondent à Biscotte,
ils décident avec la maîtresse
de lui faire une surprise :
des petits mouchoirs en papier découpés
bien carrés, avec des dessins dessus.
Ou des lignes de toutes les couleurs.
Ou des petits carreaux.
Chaque enfant fait un mouchoir.
Il y en a qui en font même deux.**

**Et puis, comme il fait très beau,
ils vont se promener, comme les mulots,
dans le village, avec la maîtresse.
De loin, ils voient la boîte à sel.
Ils s'approchent, le plus près possible.
Ils essaient de voir Tartine.
Ils appellent :
– Tartine, Tartine...**

**Mais elle ne répond pas.
Peut-être qu'elle est enrhumée
elle aussi.
Deux enfants crient :
– Je l'ai vue, je crois que je l'ai vue !**

**Mais les autres se dévissent le cou
et ne voient rien.**

Quelques jours plus tard,
Biscotte leur écrit pour les remercier des mouchoirs.

Mes chers petits amis chéris,

Les mouchoirs m'ont fait très plaisir,
et m'ont beaucoup servi.
Surtout parce que j'ai fait une grosse bêtise
et que l'oncle Molette m'a filé une grosse fessée
et que j'ai pleuré pendant quatre heures.
Est-ce que vous faites des bêtises, vous aussi ?

Bisous moustachus,

Biscotte Mulotte.

Oh ! là, là ! Oui ! Eux aussi,
ils en font des bêtises !
Ils répondent tous ensemble
et la maîtresse a tout juste le temps d'écrire :
– Moi, je mets toutes les couvertures par terre.
– Moi, des fois, je fais pipi au lit.
– Moi, j'ai cassé une assiette.
– Moi, j'ai cassé mon vélo.
Et puis je veux jamais aller au lit.
– Moi, je vide tous mes jouets et je joue pas.
– Moi, la nuit, je fais pas de bêtises...

Et puis aussi, ils disent à Biscotte de faire attention
à Angelo, le chat de l'école,
des fois qu'il se promènerait la nuit dans la classe.

Après les vacances de Noël, Biscotte met de nouveau
longtemps à leur écrire.

Enfin, elle dépose une lettre où elle raconte
qu'elle a eu encore un gros malheur :
elle s'est foulé la patte en glissant avec Tartine
dans la boîte à sel.
Maintenant, elle va mieux.

Alors, ils lui racontent leurs malheurs à eux.
– Moi, mon pépé est mort. Je suis triste. Je l'aimais bien.
– Moi, je suis tombé du vélo,
je me suis fait mal au genou.

Et puis, ils lui posent aussi plein de questions :
– Biscotte, pourquoi tu as dit
que tu ne ferais pas de crottes ?
C'est pas vrai, j'en ai vu. C'est sale.
– Biscotte, est-ce que tu nous écriras
jusqu'à ce qu'on soit morts ?
– Pourquoi tu ne nous portes pas beaucoup de lettres,
encore plus de lettres ?

Et ils lui mettent dans l'enveloppe plein,
plein de beaux dessins au feutre.

**Pendant le mois de janvier,
ils font beaucoup
de cadeaux à Biscotte :**

- **des bouts de fruits confits des gâteaux des rois ;**
- **de la ficelle dorée ;**
- **des petits bouts découpés de beaux papiers de Noël ;**
- **des miettes de gâteaux des rois ;**
- **et surtout : de belles couronnes de rois toutes petites, juste à la taille d'une tête de Mulotte.**

**Ils lui écrivent :
« Mulotte, il faudra bien les plier un peu pour les rentrer dans ton trou, mais après, les plis s'en iront et tu seras très belle avec. »
Mulotte répond que c'est vrai : les couronnes lui vont drôlement bien.**

**Au mois de février, le temps se gâte.
La pluie se met à tomber.
Elle tombe pendant toute une semaine.
Et Biscotte leur écrit ce que la pluie a fait dans son trou :**

Mes petits amis chéris,

*Nous avons été INONDÉS.
Toute notre réserve de graines a été mouillée.
Mes parents sont furieux et l'oncle Molette
a juré avec de vilains mots.
Mais moi, au fond, je trouve ça drôle :
toutes les graines ont germé,
et ça nous fait plein de plantes vertes
dans notre trou.*

Bisous moustachus,

Biscotte Mulotte.

Les enfants répondent
à Biscotte
en lui racontant
qu'il y avait plein d'eau
dans leur maison
à eux aussi,
plein de flaques
qui passaient
sous les portes
et de gouttières
qui fuyaient.
Mais c'est dommage :
ils n'ont pas
de réserves de graines
et c'est moins drôle.

Alors, avec la maîtresse,
ils ont une idée.
Et le lendemain,
ils apportent :

- des pois chiches ;
- du blé ;
- des haricots ;
- des lentilles...

Et puis la maîtresse met du coton et de l'eau
dans des soucoupes, et jour après jour,
les enfants surveillent les graines qui germent,
qui poussent, et qui font une petite forêt verte,
comme chez Biscotte.

Un jour de printemps,
les enfants décident d'écrire tout seuls,
sans la maîtresse,
en utilisant l'imprimerie :
biscotte mulotte

Ils l'impriment en rouge,
tout au milieu d'une feuille.
C'est superbe.
Ils envoient la feuille à Biscotte.
C'est la première fois que Biscotte va voir
son nom imprimé, elle sera sûrement très fière.

Les amandiers sont en fleur maintenant.
Le soleil réchauffe la terre.
Il y a des tulipes dans la cour.
Mais la lettre que les enfants
trouvent ce matin n'est pas
joyeuse comme le printemps.

Mes petits amis chéris,

Je vais partir.
Je vais déménager avec mes parents.
Et aussi, bien sûr, l'oncle Molette.
Le docteur dit que j'attrape trop de rhumes,
et que je dois aller habiter dans un pays chaud.
Nous allons partir pour la Tunisie.
Mon papa a un cousin
qui habite sur un bateau.
Alors nous prendrons
un camion de légumes
et nous irons à Marseille
et nous monterons sur le bateau.
Nous traverserons la Méditerranée.
Je serai bien triste de ne plus vous voir.
Mais peut-être qu'un jour je reviendrai.
Bisous moustachus,

Biscotte Mulotte

Alors les enfants crient :
– NON ! NON ! NON !

Ils disent à la maîtresse
d'écrire très vite :
– Il ne faut pas que tu partes.
– Tu auras le mal de mer
en bateau.
– Tu n'as qu'à taper le docteur.
– Guéris-toi vite et reviens.

La maîtresse écrit tout ce que les enfants demandent,
et puis ils signent tous leur nom tout seuls,
parce que maintenant, ils savent bien l'écrire.

Maintenant, il n'y a plus de lettres dans la boîte.
Biscotte Mulotte est partie.
Les enfants parlent de la Tunisie et de l'Afrique avec la maîtresse.
Ils regardent la grande carte,
et la mer toute bleue qui les sépare de Biscotte.
Ils imaginent Biscotte sous les palmiers, en train de manger des dattes.
Et puis ils font une grande grande peinture, tous ensemble,
sur un grand carton.
Une peinture avec plein de mulottes dessus.

Ils l'accrochent dans la classe,
et ils se disent :
« Peut-être qu'un jour,
Biscotte Mulotte reviendra. »

Rentrée sur l'île Vanille

À Tahaa, dans l'île où pousse la vanille
vit une petite fille qui s'appelle Vaïmiti.

Ce matin, elle doit partir à l'école pour la première fois.
Sa famille est rassemblée
pour la regarder s'éloigner le long de la plage !
Son père lui dit :
– C'est un grand jour, aujourd'hui Vaïmiti !
À l'école, tu vas apprendre à peindre
avec toutes les couleurs éclatantes de notre vie !

Sa mère lui dit :
– Vaïmiti, tu as de la chance !
À l'école tu vas apprendre
à danser le Tamouré
et à chanter les airs de la Polynésie
qui sont la gaieté de notre vie.

Son grand frère, Malo, lui dit :
– Vaïmiti,
à l'école, regarde bien autour de toi.
Si ton cœur se met à cogner,
c'est peut-être
parce que tu auras rencontré un ami...

Mais Vaïmiti secoue la tête
comme une noix de coco qui va tomber :
– Je ne veux pas aller à l'école !
Pas question !
Je ne veux ni peindre, ni danser,
ni rencontrer des amis !
Je n'irai pas !
Je préfère nager jusqu'à l'île aux oiseaux
et plonger dans le lagon avec les poissons !

Vaïmiti pose une couronne de fleurs
sur sa tête et elle part
en tournant le dos à l'école.

Son père la rattrape.
Il l'oblige à s'asseoir.
Et il trace des signes dans le sable pour lui expliquer
qu'elle doit aller à l'école !
Mais Vaïmiti ne veut rien regarder.

Sa mère la prend dans ses bras,
elle lui masse le front
et lui murmure une chanson pour la calmer.
Mais Vaïmiti
ne veut rien écouter !

Alors Malo fait sa tête de sorcier
et il tourne autour d'elle
comme un guerrier pour l'effrayer !
Mais Vaïmiti éclate de rire.

Elle énerve tellement sa famille que tous,
ils crient et menacent
de lui donner une bonne fessée !

Tahitou, la marraine de Vaïmiti, est sur sa terrasse.
Elle presse des citrons verts pour faire mariner son poisson.
Quand elle voit Vaïmiti qui se débat, elle n'hésite pas une seconde.
Elle court et elle ordonne :
– Laissez cette petite tranquille !
Qu'a-t-elle fait de si terrible ?
– Cette petite chipie de Vaïmiti
ne veut pas aller à l'école !
Elle se sauve le jour de la rentrée !

Tahitou éclate de rire :
– Ah, ah, ah ! Je comprends tout !
C'est de ma faute, j'ai oublié de lui donner son cadeau !
Viens, Vaïmiti !

Vaïmiti aime beaucoup sa marraine
et elle aime aussi beaucoup les cadeaux.
Alors, elle suit Tahitou sans faire d'histoires.
Tahitou sort un petit cartable
en peau de requin,
avec une fermeture
de coquillage.
– Écoute bien ce secret !
dit-elle à Vaïmiti en chuchotant.
Ce cartable est magique !
Comme je n'ai pas d'enfant,
c'est à toi que je l'offre.
C'est mon cadeau pour ta rentrée.

Vaïmiti aime beaucoup sa marraine,
mais elle se dit que Tahitou exagère.
Comment ose-t-elle lui raconter
des histoires de bébé ?
Un cartable magique, ça n'existe pas.
Vaïmiti sait ça !

Quand elle l'ouvre,
Vaïmiti découvre une robe bleue avec de grands oiseaux blancs
et un drôle de pinceau, taillé dans du bois rouge.
Vaïmiti enfile la robe et, son cartable à la main,
elle fait semblant d'aller à l'école.

Mais, pendant que personne ne la regarde,
Vaïmiti grimpe dans un manguier
et se met en boule
pour se cacher.

La maîtresse, très intriguée
par cette tache bleue, s'approche.
Vite, Vaïmiti ouvre le cartable
et glisse sa tête à l'intérieur.
« Si seulement je pouvais être petite
comme un oiseau-mouche,
pour que la maîtresse ne me voie pas... ! »
À peine a-t-elle dit cela que, magie !
Vaïmiti rétrécit, rétrécit...
Et, toute minuscule, elle se cache dans le cartable.

La maîtresse dit :
– Tiens, j'ai dû rêver, la tache bleue a disparu !

Mais voilà Ranéa, qui passe sous l'arbre avec sa bande.
– Eh, regardez ce cartable !
Ma parole, c'est une mouette qui l'a perdu !
Allez, il sera au premier qui l'attrapera !

Vaïmiti n'a pas du tout envie
de se retrouver écrabouillée.
« Si seulement je pouvais voler
et m'échapper de là ! »
À peine a-t-elle dit cela que, magie !
Le cartable se gonfle
comme une voile de bateau !
Alors Vaïmiti saisit la poignée
et elle descend doucement dans les airs.

Dès que Vaïmiti touche le sol,
elle retrouve sa taille normale.
Elle est si contente, qu'elle saute de joie.
Et la maîtresse la voit bien, cette fois,
avec sa robe bleue dans le soleil !
Elle vient vers elle et lui prend la main :
– Bonjour, je m'appelle Léonie. Et toi ?
– Vaïmiti.

Vaïmiti est furieuse car la maîtresse
l'entraîne vers l'école.

Léonie dit :
– Nous allons peindre !

Vaïmiti est très inquiète.
Sa peinture va être affreuse,
c'est sûr !
Et les autres vont rire si fort,
que leur rire résonnera
sur toute l'île.
Mais elle se souvient
du pinceau rouge.

Alors, elle le prend dans le cartable.
« Si seulement je savais peindre
les poissons du lagon ! »
À peine a-t-elle dit cela que, magie !
Le pinceau court sur le papier.
Et voilà des poissons bariolés
qui prennent forme.
Ils sont si bien peints qu'ils paraissent nager.
– Bravo Vaïmiti, très réussi !

Vaïmiti est heureuse de ce qu'a dit Léonie ;
alors, elle commence à peindre
tout ce qu'elle aime.
Des fleurs, des crabes.
Et elle le fait
avec tant d'énergie que,
cette fois,
c'est le pinceau qui obéit.

Ensuite,
la maîtresse met de la musique.
Mais Vaïmiti ne veut pas danser.
Elle a peur de s'emmêler les pieds.
Ses jambes tremblotent.
Elle serre dans ses bras son cartable.
« Si seulement je savais virevolter
comme les mouettes
de l'île aux oiseaux ! »

À peine a-t-elle dit cela que, magie !
Les oiseaux de sa robe battent des ailes
et soulèvent la robe de Vaïmiti.
La robe bleue se met à danser,
elle fait tournoyer Vaïmiti !
Léonie la félicite.
– Comme tu es légère, Vaïmiti !

Vaïmiti est contente.
Maintenant,
elle a vraiment envie de danser.
Alors quand la musique change
et se met à cogner
à grands coups cadencés,
Vaïmiti tape des pieds
avec tant d'énergie que,
cette fois,
c'est la robe qui obéit.

À l'heure de la récréation,
Vaïmiti a le temps de regarder
les autres enfants, autour d'elle.
Elle remarque une petite fille,
toute seule,
appuyée contre un gros rocher.
Vaïmiti voit
qu'elle a les genoux
qui tremblotent
et qu'elle n'ose pas jouer.
Vaïmiti aimerait bien lui parler,
mais elle n'ose pas.
Elle cherche dans ses poches
un morceau de papaye à lui offrir,
mais ses poches sont vides.

Alors Vaïmiti serre très fort son cartable dans ses bras.
« Si seulement j'avais quelque chose
à partager avec cette petite fille,
j'irais avec elle et je lui parlerais ! »
Mais cette fois, pas de magie.
Les poches de Vaïmiti sont toujours vides.
Elle sent son cœur qui cogne à grands coups !

Alors, elle pose son cartable et, toute seule,
sans magie, sans magie du tout,
elle va joyeusement vers cette petite fille.
Parce qu'elle a tellement envie
de devenir son amie !

Les malheurs de Jérôme

Jérôme a des problèmes en sixième.
Des problèmes de maths.
L'autre jour, il est rentré à la maison en disant :
– J'ai une bonne et une mauvaise nouvelle...
– Commence par la mauvaise, a dit Papa.
– ... j'ai eu 5 en maths.
– Encore ! Mais qu'est-ce que tu as fait ?
– Ben... justement, pas grand-chose...

Papa a arpenté la salle à manger,
les mains dans les poches,
avec un air pas content.
– Et la bonne nouvelle ?
– La prof de français organise
un voyage à Paris, au mois de mai !

Les mains de Papa
se sont envolées de ses poches
comme deux papillons géants,
qui se sont reposés
sur ses cuisses en faisant PLOF !
Et il a recommencé à marcher
dans la salle à manger.
Mais plus vite.
Maman est sortie de la cuisine.
Elle a presque consolé Papa.
– Ce n'est pas un matheux,
tu le sais bien...

– Justement ! a dit Papa.
Les maths,
c'est très important de nos jours.
Qu'on soit plombier, vétérinaire,
ou... comptable !
– Évidemment... a dit Maman.
Mais il a encore le temps de se ressaisir :
il reste deux trimestres.

Papa devait partir.
Il a enfilé son blouson et ouvert la porte.
Il était sur le palier quand il a crié :
– En tout cas si un jour il a la moyenne,
JE METS LE DRAPEAU À LA FENÊTRE !

Quand Jérôme a entendu ça,
il a bondi de sa chambre mais CLAC !
Papa était déjà dehors.

Le soir Papa est revenu
avec un livret sur lequel était écrit :
MATHS ET CALCUL.
SOUTIEN ET ENTRAÎNEMENT. NIV. 6e.
Jérôme n'avait pas l'air content :
les vacances commençaient mal...
– Révision des opérations principales
plus deux problèmes par jour
pendant quinze jours ! a décrété Papa.

C'était comme une ordonnance
du médecin.

Jérôme a eu des tas d'opérations à faire :
additions, soustractions, multiplications, divisions.
À un chiffre, à deux chiffres, à virgule...
Toute la journée, on a entendu :
– Alors, c'est pigé ? Est-ce que tu piges ?

C'était Papa derrière Jérôme.
Ensuite, exercices.
Les premiers portaient sur les mesures de masses.
– Tiens, a dit Papa,
vous appelez ça comme ça
maintenant ?
De mon temps on disait "poids"...

Le deuxième jour, géométrie.
Les secteurs angulaires.
– Les... quoi ? a fait Papa.
– Sec-teurs an-gu-lai-res !
a répété Jérôme.
"Secteurs angulaires rentrants,
saillants, plats, superposables..."
– Nous on disait "angles"
a marmonné Papa.

Papa a trouvé que son fils ne se débrouillait pas si mal en géométrie et que son point faible devait être les maths. Les maths pures. Avec des trains roulant l'un à la rencontre de l'autre, ou des baignoires avec des robinets qui fuient... Mais, dans le cahier d'exercices, il n'a trouvé que des problèmes de proportionnalité, de mesures d'aires, de bases non décimales, de polygones inscrits... Plus ils avançaient dans le livret et plus Jérôme expliquait à Papa. De temps en temps on entendait :
– J'ai pigé ! En somme, c'est une règle de trois...
– Non ! disait Jérôme. On doit dire : proportionnalité !

Un jour, Papa a dit à Maman :
– Comment veux-tu que ces gamins s'y retrouvent !
On complique les choses à plaisir...

Une semaine après la rentrée,
Jérôme est arrivé un soir
comme une flèche.

– J'ai eu 12 ! En maths !
Papa n'en revenait pas.

C'est alors que Jérôme a dit :
– Alors,
on va pouvoir le mettre ?
– Mettre quoi ?
– Ben, le drapeau.
T'avais dit que
si j'avais la moyenne...

Papa s'est levé en se grattant la tête.
– Écoute Jérôme,
c'était une façon de parler...
et puis je ne pensais jam...

Maman a fait "Chuut" des yeux et il n'a pas terminé sa phrase.
Mais Jérôme a croisé les bras, boudeur.
– Ouais !... Tu l'avais dit...

Papa a regardé Maman en faisant "Pfou-ou" avec ses joues.

– Bon d'accord, mais juste une journée !
Et puis d'abord ce n'est pas un drapeau, mais un étendard.
Regardez, il a une forme carrée.

Nous, on avait toujours vu le drapeau dans la cave,
bien enroulé sur son bâton.
– On dit une hampe ! a rectifié Papa.

Il l'avait eu, nous a-t-il expliqué,
par un vieil oncle quand il habitait dans le Midi

Cela n'a pas été facile de fixer le drapeau à la fenêtre.
Comme il y avait un peu de vent, il faisait SLAP SLAP SLAP.
Du bas de l'immeuble, les gens levaient la tête,
le montraient du doigt.
Jérôme était tout content.

On allait se mettre à table quand BING SLAP BARDOUF ! un bruit terrible a retenti.
Nous nous sommes précipités sur le balcon.
Et alors là on a vu une chose affreuse :
l'étendard de Papa, là-bas, tout en bas, à l'envers et bien droit, piqué dans le capot de la voiture des Dussart !

Papa a dévalé l'escalier.
Sur le parking, M. Dussart était déjà là.
Papa a eu un mal fou pour enlever le drapeau.
Cela faisait CROING contre la tôle.
Il a même fallu que M. Dussart l'aide.
Quand le drapeau a été retiré,
M. Dussart a lancé un regard noir à Papa en disant :
– Cette fois-ci, je porte plainte !

Papa a parlé de malencontreux incident,
que bien sûr il paierait un nouveau capot,
qu'il fallait faire un constat...
M. Dussart a dit que sa voiture était parfaitement garée
et que tous les torts revenaient à cette... chose.
Ils ont fait des dessins sur le constat.
Et ils ont écrit quelque chose en dessous.
On aurait dit une page de B.D.

M. Dussart est resté trois jours avec son capot crevé.
Le temps que l'expert passe.

C'était un petit monsieur à chapeau et à moustache, qui est venu discuter une heure avec Papa.
– J'en ai déjà vu dans ma longue carrière, je vous assure, mais ça jamais encore ! Avez-vous une Responsabilité civile ?
– Bien sûr, a répondu Papa.

Peut-être qu'avec cette histoire de drapeau, il aurait mieux valu qu'on ait une Responsabilité militaire, mais l'expert a dit :
– C'est très bien.
Ma compagnie se mettra en rapport avec la vôtre.

Je n'ai rien compris à cette histoire de compagnie.
Ils ont parlé aussi de police, d'assurance et de FRANCHISE.
Mon cœur battait :
j'avais peur que le monsieur appelle la police parce que Papa n'avait pas été franc avec lui, mais non.
À la fin, ils se sont serré la main et l'expert est parti. Ouf...

À la fin du mois, Papa a reçu une facture du garagiste de M. Dussart.
– 2 800 francs pour un 12 en maths ! c'est cher !

Mais Papa a expliqué que l'assurance prenait les frais à sa charge et que lui n'avait que 700 francs de franchise à payer.
C'est drôle, il était presque content.

Mais un soir que je revenais à la maison avec Papa, Jérôme a dévalé les marches quatre à quatre.
– P'pa, y'a un monsieur du Estcepigé qui veut te parler !

Papa a froncé les sourcils.
– Qu'est-ce que c'est encore que cette histoire...

Dans l'appartement,
il y avait un monsieur en imperméable.
– Inspecteur Renardot, du S.R.P.J.
J'ai une ou deux questions
à vous poser au sujet
de cette affaire de drapeau.
Simple enquête de routine,
rassurez-vous.
– Ah, le drapeau,
a fait Papa l'air embarrassé.
Ça date d'Hyères...
– De quand ? a fait le monsieur.
– Enfin...
je veux dire quand j'étais jeune
et que j'habitais Hyères.

Et Papa a raconté :
le cadeau de son oncle,
le 12 en maths de Jérôme...
À la fin, le monsieur a souri.
Il s'est levé et, sur le palier, il a ajouté :
– Vous comprenez,
le port d'insignes et de drapeaux est soumis à certaines règles,
et de plus avec tous ces mouvements autonomistes...
– Quelle histoire, non mais quelle histoire... !
a fait Papa en refermant la porte.

Le lendemain, Jérôme est revenu tout content à la maison.
– Encore un 12 en maths ?
ont demandé ensemble Papa et Maman.
– Non ! a répondu Jérôme.

Et il a sorti un papier de son cartable.
– C'est pour le voyage à Paris !
Cela coûte 700 francs
avec l'assurance.
Faut signer là !